치자꽃 필 때

치자꽃 필 때

최인희 시집

도서출판 천우

● 시인의 말

무심하게 잠자고 있는 작품들을 일깨워 보았습니다.

한편씩 정리하다 보니 열심히 창작 활동하던 때가 생각이 나면서 무한한 가르침을 주시던 교수님께 감사함을 전합니다.

오랜 봉사활동 속의 경험과 함께 작품 활동하던 도반들과의 시간이 시제로 만들어져 시집을 낼 수 있다는 게 보배로 다가옵니다.

부족하고 부끄럽지만 끝없이 배워야 하는 시인의 자세로 한 걸음씩 내딛으려 합니다.

한 권의 시집으로 탄생할 수 있게 도움 주신 모든 분들께 감사의 말씀을 드립니다.

2020년 봄날에

최 인 희

제1부

아버지의 숫돌

제2부

검색, 비공개

제3부

머리를 빗으며

제4부

너라는 정물

제5부

꿈꾸는 화병

제1부

아버지의 숫돌

할머니의 잿간

땅! 땅!
곰방대가 놋쇠 화로를 두드린다
구순의 할머니 부르심이다

잿간에 붓다 놓친 화로가
눈썹을 뽀얗게 날린다

소맷자락 흔들어 털어봤지만
할머니 혀 차는 소리에
등 뒤로 숨어들며
무안을 감춘다

짚불 사그라지듯 가신
할머니의 잿간
감나무 마당에 심으며
따먹어라 시던
아련한 눈동자가
가슴에 내려앉는다

엄마의 땅

아버지의 호통이 뜨겁게 내리쬐고
어머니의 한숨이 꺼지는 땅
지켜내야 할 우리들의 삶이랍니다

갈라지는 밭고랑에 기다림은 타들어 가고
어김없는 처서가 겨드랑으로 밀고 들면
까만 속은 언제이던가 잊어버리고
콩밭 위를 덮고 갈 백로를 기다립니다
허물 덮는 엄마의 애간장으로

풍성해야 할 한가위
보따리마다 미어지게 담아내고
방울방울 매달린 열매에 상처 날까
붙잡고 싶은 손등 숨기며
살며시 등 떠밀어 보낸답니다

며느리 마음 상할라 손자 서운할라 내 아들 힘들라
복잡한 짐 내려놓고 참새떼 날아간 주위는 텅 비워집니다
지난 길은 골짜기로 휘어지고
쑤시는 고통 속으로 한 움큼의 원망을 털어 넣습니다

흙먼지 날리던 신작로가 아스팔트로 곱게 깔려도
엄마의 뒤꿈치는 털어내지 못합니다
떨어지는 한숨 밑으로 자식을 지키고
엄마의 땅은 깊어만 갑니다

보이지 않기에 만질 수가 없습니다

뼈마디 1

마디마다 나이테에 돋은 가시
석고에 매달린 형광 불빛을 찌르고 있다

할머니 깨금발에
허리춤에 쌈지가 깨어나
동굴 같은 전신을 울린다
무릎에 당도한 바람은
마디 사이를 파고든다

뼈마디 꺾이는 소리가
시트 모서리를 흔들고
멈춰버린 방아깨비 다리처럼
마음의 마디도 휘어버린 것인가

날 세운 가시가 헤집는
하얀 밤이 침상을 일으켜 세운다

검버섯 눌어붙은 손등 사이로 내미는 바지런이
한 세월 지나온 손가락을 비틀어 눕혀도
노인은 아직 지겨운 이승에 있다

얼굴

자신의 얼굴에 책임을 진다
살아온 모습을 판화로 찍어낸다

저 모개* 어디다 치워 먹을까
어릴 적 듣던 소리는 아버지가 주신 거다
주름치마 곱게 다림질해 입혀
돌려가며 살피던 어머니
책임 면하려 애썼는가 보다

전신이 얼굴인 불혹의 나이는
상품성이 날아다니는 경매장이다

* 모개 : 모과의 경상도 방언.

딱지

덜 나은 상처에 반쯤 떨어진 딱지들
어지럽게 바람에 나부낀다
곧 피 나겠다
자동차 앞 유리 틈새에서
출장 마사지 여인의 사진이
물결처럼 흐느적거린다

벽과 전신주를 삼켜버린 전단지들의 손짓이
공판장을 오르락내리락하는
손가락 숫자만큼이나 부산하다
토착민을 무지막지 밟고 쓸어버리던
저 점령군들 무참한 말로를 본다

전봇대를 껴안고 시선을 갈망하다
공공근로 끌칼에 밀리어 담겨질 때
갈기갈기 찢어져 흩날리는 몸, 몸
아옹다옹 흠집을 내고 상처를 받아도
게딱지처럼 붙어서 살 때가 좋았다

동사무소 대기실
자리싸움하는 기초생보자, 독거노인들
복지사 눈앞에 딱지로 보이지는 않을는지

아버지의 집

적막 속에 굳게 다문 문턱을 넘지 못한다
장맛비에 무너진 봉분 아래로
붉은 속살이 가슴을 후빈다

곱게 품은 10년을 무심하게 버리고
불호령의 기억조차 날아간다
맺혀버린 미움에
닫아버린 엄마의 마음을
눈 감던 날 다독여 보냈는데
두 손 마주 잡았는지

주위를 맴도는 그림자를 품고
닫힌 문이 열리는 날
볼을 감싸고 따뜻한 손길이
'하늘 봤나'
들어 올려 주겠지

아버지 그늘에 자라온
절절함이 파고든다

회상

등 뒤로 떨어지는 설움이 비늘 같다
정류장 출구로 말 없는 작별을 남긴 지
서른 해

수화기 속의 오랜 목소리에 밀려
상봉한 아들의 할머니
조금은 익숙한 정류장 앞으로 뾰족구두를 버리고
운동화에 몸을 실은 세월이 끌려온다

돌아다보는 허망한 날들을
땅이 꺼지게 읽어 내려간다
커피, 율무, 칡차
작정한 설움을 책갈피 속으로 접어 넣는다

미안함을 담은 봉투 하나를 남기고
같은 정류장 출구 앞에
돌아보지 않는 구부러진 모습에
머뭇거리며 구르는 낙엽이 된다

채워지지 않는 빈 곳을 넘어서 간다

파지

돌아온 길이 가물거린다

새벽바람이 눈썹을 딛고
가뿐하게 조간(朝刊)이 담장을 넘었다
기름 냄새가 코끝을 부비고
높고 낮은 목소리가 눈길도 당겼다

왜,
여섯 손가락을 접어가며 층층을 훑어도 갔다
복잡한 가슴이 거실 바닥으로 내려앉았다
뜨거운 볼기에 눌리고
물 뿜은 거울 앞에서 뽀드득하게 마무리했었다
이제 갈 곳은 어딘가

육 남매 곱게 길러낸 먼 길의 끝은
요양시설이다
터전을 잡으려 바쳐온 젊음은
파지의 길 위에서 발걸음이 더듬거린다
내비게이션 창을 열고 자모음을 눌러본다
ㅈ ㅐ ㅅ ㅐ ㅇ

꿈자리

수포 같은 눈물을 가득 담은 엄마가 말없이 바라본다
떨어질 듯 안타깝게 매달린다 머리가 무겁다
무심히 넘긴 사흘 후 똑같은 모습에서 찾은
MRA 진단이 동맥류다 운수대통이란다

송사에 휘말려 판결 나는 날
버거운 수탉 한 마리를 닭장 속으로 밀어 던진다
팔뚝을 기어가는 용무늬가 구치소로 갔다

지저분한 화장실이 앞을 가로막는다
하루 종일 찝찝한 일만 생긴다

개들이 방문 앞에서 노크를 한다
문고리를 팔이 아프도록 당겼다
전화벨이 흔들어댄다
수화기 속의 음흉한 사내의 목소리가 들린다

장애를 입은 상이군경이 따라온다
오촌 당숙이 와서 용돈이 생겼다

검은 옷을 차려입은 아버지가 마루 끝에 앉아
봄볕을 쬐며 바라본다
긴 겨울이 지나고 아버지는 우리 곁을 떠나셨다

꿈자리가 곱게 말려서 가슴에 안긴다

조용한 신호

황금 투구를 쓴 이빨은 귀가 어둡다

틈새를 밀고 있는 빛살도 막아서고
속부터 곪아가는 호박이
꼭지가 빠질 때

질경이 같은 통증이
깊은 힘줄을 끌어당긴다

소리 없이 뒤통수가 울리고
뒤꿈치를 치켜든 눈썹 사이로
붉은 꽃이 머리를 내밀어 흔든다

달래는 시간은 잡지를 못하고
진통의 그림자가 정오를 가리킬 때
없던 일로 넘기기는 갈 길이 멀다

동여맨 머리띠는
구부러진 끝을 찾아 나선다

약술

허한 몸에 힘을 싣는다
막걸리로 허리까지 채운 옹기단지가
금산 어른 등짐에 앉아
효자봉 중턱에 낙엽을 덮고 묻힌다

겨울잠에 들어갈 파충류는
잘못 기어들어 술독으로 떨어진다

눈 녹은 뚜껑을 헤집고
앞마당에 내려와 찰흙 옷을 입히는 손길이
물레 앞에 앉은 도공의 정성이다

멧재* 속에 불을 지피고 뜨겁게 하루를 넘긴다
곡우 때까지 지켜지는 조상들의 지혜를 외워가며
엿기름 비틀은 가마솥에 분화구가 터진다

* 멧재 : 왕겨의 방언.

막대 다리

아홉 살 겨울은 길었습니다

아랫목 이부자리 속 아버지는 늘 그 자리였습니다
작은 손으로도 감싸이는 야윈 종아리
조물짝 거리며 가만히 눈치로 살핍니다

하루가 다르게 온기는 막대가 되어
행여라도 상처 날까 조심히 쓸어내려 봅니다

병원에서 집으로 온 지 한 해 겨울을 넘기고
햇볕이 뜰에 들어와 디딤돌을 녹일 때
검은 옷으로 단장하신 아버지가
햇볕 쬐는 모습으로 선몽을 하고
눈 녹아 미끄러운 선영으로 옮겨 갔습니다

가슴 절절한 원망도 쏟아보고
그 이름 누가 될까 봐 없어도 헐벗을 수 없었고
목이 말라도 목 탄다는 말 못 했습니다

막내딸 환갑 깊어진 지금도
아버지의 막대 다리 울림은 가슴으로 새겨집니다

거울 속

거울 속에 엄마가 있습니다
처진 눈꼬리 입가의 팔자주름은
엄마 건 줄 알았습니다
가제미 눈을 뜨고 족집게 속 흰머리도
거울 속을 파고듭니다
마음속 엄마가 세월을 더듬어
가슴속에 내려집니다
동백기름 향기, 옷고름의 정겨움이 젖어 들어
단아하게 비춰질 그 모습을 기다립니다

빈집

이끼 덮인 서까래에 푸른 들판이 들어왔다
어떤 표백제가 상량의 먹물 글씨 저리 날려버렸나
쥐 오줌 얼룩진 창호지, 찢겨진 사이로
드나드는 바람이 문고리를 흔든다
요란하다

고등어 한 손에 힘겨운 허리 펴며 반색하던 노인네
시누이 먼저 보내며 좋은 데 가라시던
먼 곳 찾아 떠나고, 저 혼자 남은 빈집

부엌문 먼지 덮인 빗장을 연다
녹슨 가마솥이 구릿빛이다
쪼개진 나무 주걱 옆에
뚜껑 없는 주전자가 퍼질러 누웠다

뒤뜰 머위의 뽀송한 털, 자욱하니 일어서서
구기자나무 가시와 장난질 치고 있다
그것들이 이제 주인 노릇을 한다

인적 끊긴 마을 안 토담 길
푸석푸석 부서지는 황토 흙먼지가 날아올라
집성촌의 석양에 녹아든다

경로잔치

오늘만큼은 주인공인 할머니 할아버지
육개장에 잡채, 감주, 돼지고기, 떡, 술
거하게 먹고 마시고 까만 얼굴에 웃음골 패인다

손자가 달아준 꽃 자랑에 술잔이 넘치고
아들이 지난해 사다 준 신발 자랑도 빼놓지 않는다

박자 없는 노랫가락이 앞장을 서고
힘든 세월 기마자세가 흥에 겨워
꽹과리 장단에 주체 못 한 어깨춤이 뒤를 따른다

시간은 노인 기운 뺏어 저만치 달아나고
시간 등에 내가 타고 해보자는 할아버지
금니 은니, 가녀린 허리 잡고 오늘만은 윤이 난다

앰프가 꺼지고 가마솥 연기도 사라진다
윗도리 찾아 걸치며 소맷자락 어디 있냐 헤메인다
오늘 대접 좋았다만 또 찾을 리 없을 테고
내일은 찾지 마라 스스로를 달래본다

잇몸

힘이 되어 품어준다

쳐다보고 쓰다듬어
하나가 되려고 애를 쓴다

한눈판 틈새로 불청객이 끼어들고
밀려난 신세는
오르지 못하는 나무가 된다

사이가 벌어진 채 네 탓 내 탓 으르렁거린다

피고름의 상처는 길고 긴 고뇌를 하고
수술대에 올라 헤집어진 가슴은
자식 땜에 살아가는 어미의 애간장이다

주저앉은 가슴을 보듬고
살얼음판을 걷는다

늙은 할머니가
어지러운 골목으로 밀려 나온다

바퀴

하나둘 모여든다
경로당 앞마당에
네발 짚은 바구니가
도담도담 키워 낸 자리 비우고
고즈넉이 땅거미만 기다린다

천 리를 달리다 닳아버린 마음이
무릎을 타고 앉는다

국방색 담요를 깔고
숨어있는 새를 찾아
손바닥 위로 일곱 장이 돌아간다
10원짜리 도리(도리짓고땡) 잡는데
하루해를 싣는다

비워지는 막걸릿잔 속으로
팍팍한 골목길을
고단한 바퀴가
떠밀고 나간다

아버지의 숫돌

닳아버린 가슴으로
쩌렁이며 밀려온다

모시저고리 코 세우듯 곱디곱게
땀방울로 키워내고

품을 곳 없어 흘려버린 원망이
감은 눈에서 흐른다

뭉개지는 마음의 못다 한 말
눈이 부시게 담아내고

부르지도 못하는 이름 위를
덮어가며 밀어내도
갈증만이 깊어간다

제2부

검색, 비공개

중심

어지러워 일어설 수가 없다
팔랑개비가 방바닥을 뒤집는다

바이킹을 타듯 하다
오페라 연습장 같은 괴성이 나온다

입원실로 올라가 서너 발자국 앞 화장실을
개구리 포복 자세로 서너 번을 쉬어야만 갈 수 있다
돈다! 돈다! 의사 허리 잡기를 예사로 한다
달팽이관에 돌이 빠졌으니
제자리 넣어야 한다는 진단이다

커다란 힘이 아니다
거대한 폭풍을 일으키는 것도
조그만 나비의 날갯짓으로 출발하듯
우주를 들어 올리는 것이
밤새 내린 하나의 이슬이듯

사람 몸 하나 중심 잡아 세우는 것도
귓속의 씨알만 한 돌멩이 하나다

1밀리의 거부

코를 오물거리며 조심스레 발을 내딛는다
작은 바람이 1밀리 앞에
입술을 간지른다
닿으려 다가가면 공이 튀어
나가듯이 달아난다

내일 아침을 기다린다

실눈 뜬 사이로 은색 꼬리가
치맛자락 감아쥐듯 차리고
앞발 모으고 앉아 눈망울을 굴린다
살포시 앞발을 침대 위로 내밀며
야옹대며 신호한다

콧잔등을 쓸어주며 인사해 본다
눈을 감고 뒹굴며 배를 내민다
쓸어내린 손길에 뒷다리 근육이 불끈댄다
등 돌리고 일어나면 바짓가랑이 잡고
소파까지 따라온다

어깨를 짚고 수염을 떨며 턱을 내민다
두꺼비가 파리 잡듯 순간을
놓치지 않으려 했지만
오늘도 입술의 1밀리는
허락되지 않았다

쑥새 1

난데없이 새 한 마리가 날아들었다
바람결이 바늘 같아 창을 뛰어넘었나
치마폭을 놓친 아이처럼 허둥거린다
겨울을 찾아 상자 안에서 헤맨다

낯선 도시의 지하철을 반대로 타고
쇼핑몰 주차장에서 아반떼를 찾아 헤매던
길치의 두근거리는 아픔이다

빗자루 안내는 거미줄처럼 엉키고
날쌘 복서가 되어 유리창으로
온몸을 날린다

눈앞이 아찔하게 아파 온다
혼자만의 틀에 갇힌 자폐의 몸부림이다

질끈 감은 어깨 위로 댕기머리가 나뒹군다
할딱이는 배를 안고
겁먹은 눈동자는 후회를 담는다
적외선이 조심스레 털을 고른다

남겨진 깃털 하나가 바람에 실린다
출렁이며 인사한다
기억하고 싶다고

솔비*

포기하련다 솔비를
바늘을 꼽고 X-레이를 찍고
체온을 같이 하며 호들갑도 떨었다
거부하는 미음을 넣었지만
배설물조차 깔끔을 잊었다
솔비야! 솔비야!
구슬 같은 갈색 눈망울이 젖어있다
화장실 바닥에 까만 덩어리 두 개
몇 날을 끙끙이며 마지막 준비인가
엎드려 바라보는 목으로 물 두 스푼
꼴딱이는 세모진 입속에 선홍빛이 기운을 잃었다
퇴근한 거실에 어두운 상자 하나
우두커니 선 아들, 야옹대는 은비*
온몸으로 돌덩이가 내려앉는다
효자봉으로 수목장해서 보냈다
짝 잃은 은비는 거실 가득 슬픔을 토해낸다

*솔비(브릿티쉬 숏헤어) : 기르던 고양이 이름.
*은비(스코티쉬 폴더) : 기르고 있는 고양이 이름.

문병

507호 문이 수줍게 밀린다
까만 얼굴에 사방으로 눈동자가 반짝인다
감춘 손 내밀며 하얀 니가 들어선다
보라 들국화 사이로 억새가 긴 팔 내밀어
시트 모서리 잡고 걸터앉는다
많이 아프나?
허리 잘린 페트병을 꽃다발이 위로한다
털렁이는 봉다리가 느닷없이 내미는 홍시 다섯 개
놓고 가는 뒷모습이 앙징스런 물방개가
지나간 듯 잔잔한 여운이 남는다

대숲

시린 등 사이를 밀고 올라간다
굳은 심지로 엮어낸 마디를 딛고
평행선이 길을 나선다
60년을 뚫은 붉은 대꽃은
버들개비 목선을 하얗게 내민다
촘촘한 눈총이 따갑게 흔들리고
바스러질 듯 까칠하게
떨어지는 비명에
주눅 들린 소리가 발밑에서 살아남아
모진 틈 사이를 비집고
올곧은 속살을 뱉어낸다

우후죽순 따라나선다

열대야

끈끈한 어둠에 밀리어 깨어난다

거실에 은비는
길게 뻗은 기지개를 멈추고
고개 들며 동그란 눈으로
더워요?

털장갑을 낀 앞발로
답답한 애교가 넘는다

베란다 초록 잎은 삶은 듯 내려앉고
가느다란 눈꺼풀 사이로 돌고 있는 바람은
뜨겁게 안긴다

비릿한 소금 냄새를 맡으며
뜨겁게 출렁이던 가슴속으로
갈급하던 사랑도
부서져 내린다

은비

화장실 문을 은비가 비집고 들어와
용수철처럼 튀어 오른다
허벅지를 비비고 똘망한 눈을
아침 인사로 깜빡인다

베란다 회색창이 내려지던 밤
사방을 날으며 전력 질주로
자유를 만끽하다
두루마리 휴지로 굴렁쇠를 굴린다

아들의 고함에
휘장을 두른 은비의 날개는
바닥으로 가라앉고
움찔거리며 방충망 바깥으로
마음을 담는다

은비야,
밥그릇 소리에 네 발은 바쁘게
날개를 단 듯 은빛을 출렁이며
우리 고양이 날아온다 오늘도

아궁이

품어준다
숯검댕이가 되어도 거울 한 번 보지 못하고
속 타는 설움을 하늘로 날린다

구들장 밑으로 내달린 강아지를
부르다 목이 타고
바지랑대가 깊숙이 저어가며 토해낸다

이글거리는 바닥에 삼발이를
깔고 앉은 양은냄비는
숨겨둔 감자가 튀어 분가루를 뒤집어쓴다

솥뚜껑 밑으로 흐르는 눈물이
뜨거운 볼을 쓰다듬고
장작개비 밀어내며 무릎을 세운다

식어가는 흙벽을 잡고
비워지는 마음을 둘러싼다

내시경

보기가 힘이 든다

만삭의 배를 비운 검둥이
아침에 잠시 들러
허겁지겁 밥을 먹고 집을 나가길 수일 째다
몰골이 만신창이가 되어 간다
무슨 일이 있었을까

목줄에 관찰카메라를 달아 놓고 지켜보는
눈길이 깊어간다
동네를 총총히 돌아서 들어간 곳이 아래채 아궁이다

비밀이 있었는지
보호단체 내시경이 고래를 따라 들어가
살피는 렌즈 끝으로 검정 털이 꼼지락거린다

황급히 방바닥을 뜯고 구들장을 들어내는 순간
눈도 뜨지 못한 강아지가 들려 나온다
한 마리, 두 마리, 세 마리

먹이를 찾는 입이 손목을 더듬는다
마지막 녀석은 미동도 없이 늘어진다
냉기를 이기지 못하고 낙오가 되었다

어미는 안절부절못하고 끙끙거린다
입김을 불어가며 무던히 애도 썼을 테지
말 못 하는 가슴이 미어지도록 후회도 했겠지

담요에 쌓인 새끼들을 종지 같은
젖을 밀어 넣고 품어준다
다행이라고

검색, 비공개

쉰 목소리가 아침을 깨운다
눈 코 입 더듬어가며 머리카락으로
잔잔한 입김이 머문다

은비는 탐색 중이다
앞집 문소리가 출근을 한다
앞발을 모아 직립으로
고개를 길게 뽑아낸다
엘리베이터 문이 닫히고
안심한 발이 내려온다

애걸하는 목소리가 따라다닌다
우유 줄까? 야옹~
고기 줄까? 야옹~
갸우뚱한 고개로
두 눈을 깜빡이며 대답을 기다린다

여러 절기를 넘어온 고뇌가
소름으로 돋아나 튀어 오르고
브러시에 엉긴 털은
목화솜을 뽑아낸다

화장실에 들어앉은 은비는
등을 보이고 수줍은 꼬리를
들어 올린다

숨을 죽여 가며 용을 쓴다
보이고 싶지 않은 마음을 들킬세라
급하게 끌어모으고
빈손만을 털고 나오는 자태가
능청스럽다

감자

후줄근한 잎사귀가 밭고랑을 헤집는
할머니의 바짓가랑이 같다

걷어낸 줄기 밑에서 뒤집어지는
알토란같은 방울들이 쏟아져
줄서기를 한다

곱게 골라 놓고 고랑 너머 던져지고
끼지 못할 자리에서
숨 막히는 잔챙이가 들려 나온다

잘못 찾아든 높은 집안의 장례식장
검은 넥타이 슈트 차림 속에 염치없이 한자리한다

줄지은 악수가 지나가고 소리 없이 튕겨져 나오는
낱알이 옹이처럼 박혀지는 씨감자다

가을 삐삐*

빛바랜 머리가 풀풀 날린다

땡볕 아래 포동 한 볼깃살을 감춰가며
수줍게 뽑혀지는 날은 지났다

한 움큼의 삐삐에 깨금발을 뛰고
대문이 비좁게 불러보던 이름을 외지 못하고
가을 코끝이 시려온다

로터리 채널을 돌리던 텔레비전 속에서
주근깨가 귀여운 노랑머리 삐삐도
버려진 가을 속으로 멀어져 갔다

눈먼 새도 돌아보지 않는 매듭 사이로
흰머리가 털려 나간다

*삐삐 : 볏과 외떡잎식물 벼목 화본과의 여러해살이풀.

누름돌

한 박자 쉬어가요

혀끝에서 감기는 정이 혀끝으로 떨어져 나가요
터질 듯 나오는 울분에 누름돌을 얹어요
밭고랑으로 뻗치는 배추가 소금에 눌려지듯

잘못 든 길에서 말이 진흙탕을 헤매고
밑도 끝도 없이 나뒹굴어 버려요

말속에 뼈가 못으로 박혀
앙금을 남기지요
생각 없이 버리는 바가지 물에
개미는 홍수를 만나요

민달팽이

천오백구 호 동굴의 입구는 가스 검침 딱지들로 조급하다

햇빛에 맞서는 커튼은 미동도 없이 바래이고
달거락 거리는 열쇠공의 손놀림에 화들짝 놀라
꿈틀대는 민달팽이

하늘을 찌르던 청춘이 우울한 엽서 한 장을 들고
땅으로 곤두박질을 한다

언제인가 떠나버린 새끼손가락 여인의 자리에는
겹겹으로 쌓여진 각종의 인스턴트 껍질들로
동굴을 삼키고 벗겨져 내린다

떠돌다 머무는 바깥세상을 힘없이 놓아버렸다
해묵은 쌀 포대에 채워진 냉장고도 지켜내진 못했다

좁은 방구석 자리 피워진 번개탄이 원망을 한다
밟힐 힘도 없어 남기고 싶은 말도 없다고

검붉은 흔적이 보석 같은 시간들을 남기고
리무진 뒷문으로 떠밀려 나간다

선잠

넘치는 게 모자란 것만 못하다 한다
부족하기에 살아있음을 알린다

아기는 엄마 품에서 칭얼대는
대화가 토닥토닥 오가고
어른들이 알려준 어설프게 매달린
병아리 그림 양밥에 간절함을 전한다

선잠에 눌려진 밥솥의 취사가
주걱 사이로 질퍽한 밥알이 되어
히죽이 웃고 있다

아시* 한 밥 다시 해도 설다는 데
처음으로 돌릴 수 없기에
거꾸로 잡은 샤워기의 장난기도
선잠에서 밀려나
살가운 손길을 보낸다

현관으로 들어온 엄마도 꿈인지 생신지
출근 엘리베이터는 서너 번 행보를 한다

*아시 : 애초, 처음

나 어릴 적

대청마루 한가운데 제비가 날아든다
지푸라기 섞은 흙을 입으로 물어다
꼭대기 흙집이 만들어진다
노란 입들이 줄지어
있는 힘껏 벌려 댄다
어미는 부지런히 먹이를 물고
여섯 마리에게 정을 준다
어느새 이마로 철퍼덕 뭔가 떨어진다
제비 방이 궁금해진다
땡볕에 바지랑대가 눈에 들어온다
키의 세배나 되는 장대로 제비 방을
뚫어 보려는 순간 와르르~
대청마루가 전쟁터였다
어미 제비가 원망의 몸부림을 쏟아낸다
새끼 제비 배가 벌떡거렸다
소쿠리에 수건을 깔고 담아 보았지만 소용없었다
장마 끝으로 불어난 냇물에 떠내려 보냈다
놀부 생각에 겁이 났다 울고 말았다

촛대바위에서

쪽빛 바닷속의 비밀을 안고
새하얀 용솟음에 천지가 정화되고
조각인 듯 뽐내는 은빛 바위틈으로
고고히 자리 잡은 생명의 애처로움이
철썩이며 넘실대는 바다의 향연 앞에서
막바지 여름 아침 수평선 저 너머
먹구름과 아침 해의 신비로운 조화가
애바위의 사연을 간절히 노래하듯
음과 양의 진리를 해풍은 말한다
너로부터 즐거웠다고
너로 인해 행복했노라고

제3부

머리를 빗으며

머리를 빗으며

도끼빗이 머리를 길게 당긴다
멈춰버린 자리에서 앙탈을 부리며
밀려 나온 등을 밟는다

자리 지키려고 애써보지만
상처만 남기고 내동댕이쳐진다

벗겨진 무르팍을 돌아볼 여가도 없이
뒤집힌 풍뎅이가 일어나 말없이 걷는다

조금 일찍 태어난 언니가 다리를 걸어도
눈을 감고 한없이 삼켜버린다

한 올 한 올 풀어본다
쫑알대는 마디마디에 설움이 복받친다

창포가 위로하며 다가와
총총한 건반 위를 훑어 내린다
찰랑거리는 멋이 스카프처럼 날린다

봄비를 맞으며 들길을 가면

무거운 어깨가 벗겨져 내린다
머리에 떨어진 물방울에 놀란
풀잎도 팔을 털고 일어선다

노란 민들레는
성수를 받으며 안식처를 찾는
홀씨가 부러워진다

늦게 내민 봉오리가 허겁하게
목덜미를 여민다

발밑에서 기지개가 귀를 세우고
출발선에 가슴이 콩닥 질 한다

엄마 손 잡고 입학하던 날
가슴에 단 손수건은 자랑스러웠지만
교문 들어설 때의 두근거림이다

화선지를 준비하는 서화가의 손끝에서
사군자의 경이로움을 담아내듯
운무에 깔린 병풍이 벗겨져 나온다

탈피

용기를 앞세운 기대가 있다
병아리가 알에서 햇빛을 찾아 나선다
부리가 아프도록 쪼아가며 파고든다
숨이 턱까지 찬다

매운 시집살이 보따리에 한숨을 담고
엉켜버린 머릿속을 다잡으며
입술을 앙다물어 본다

음치도 장애라 한다
양동이 모자를 쓰고
메아리 도움을 받는다
사랑의 멜로디를 꿈꾸며
음감을 찾아 나선다

걱정 많은 부모는
환갑 넘은 아들 생각에 잠 못 이룬다
무거운 어깨도 내려놓지 못하고
휘어져 간다

겨울잠에 드는 두렁

황금 떡시루를 비워내고
짚세기 뭉친 백곰이 회상에 젖는다

휑하니 벗겨진 커튼을 들춘다
쟁기질 무서워 까치발 세워가며
씨앗 보듬어 키워내고
부지깽이도 뛰면서 등을 밀고 나갈 때
소리 없이 오는 잡초가 가슴에 못을 박는다

간절함에 내린 단비의 머리 위로
해충은 뛰어넘어
따가운 냄새 뿌려지는 싸움에
살아남길 기다린다

귀뚜라미가 업혀 오는 처서의 문턱이다
이슬 먹은 메뚜기도 새벽 창에 놀라
허겁하게 내려앉는다
탈곡기가 꿈을 안고 휘어지는
고개를 넘어간다

결실에 밟혀 가며 늘어지고
질러가는 들길은 흥얼대는
콧노래를 업고 나간다

쑥뜸으로 길게 누워 겨울 채비 마치고
냉이 뿌리 깊게 물고
동면에 든다
하얀 이불 덮고 누워
개구리가 깨워주는
경칩을 기다린다

준설

상처인 줄 몰랐어요
떼어내는 딱지에서
어머니의 한숨이 흘러요
따가워요
속살을 헤집으며 끓어올라요

아가미를 감추며
돌아서는 서운함에도
이끼 냄새 코가 막혀도
강태공의 불빛을 기다렸어요

거꾸로 보는 눈앞이 새로워졌어요
비워내는 마음에
연어의 그림자가 흘러요

가을밤에 찍은 느낌표

자동차 불빛에 가을이 밟힌다
잡초가 힘없는 날을 세운다

달마중 나온 여인의
마른 입술은 떨며
풀벌레를 잠재운다

로드킬에 잠든 갈색 꼬리엔
까만 점 하나, 마침표인가

한여름 뙤약볕은
붉은 점들을 가지에 매달고
마지막 느낌표를 기대한다

어깨 감싼 연인의 웃음이
갈대 속으로 흘러든다

단추

단추는 힘으로 말한다
.....
셋,
둘,
하나
인공위성을 들어 올려 지구 밖으로 떠민다

수문이 열리고 거품이 산맥을 이루며
강둑을 삼켜버린다

화장대 손잡이는 분 냄새를 덮고
식당 모서리 단추는 식탐을 불러 세운다

흔들린 출발선에 무너진 육상선수도
기울어진 윗도리로 담배 사러 나온 아저씨도
작은 힘의 무게를 알지 못했다

잘못 채워진 첫 단추를 원망도 해본다
꼬여가는 삶을 헤매다 반평생을 흘려버린다
숨어서 속삭이는 똑딱단추가
시린 가슴살을 다독인다

손맛

손가락 사이로 흘러나오는 줄기에 눈이 부신다
검은 손맛에 감겨 철가방이 달린다

멍석말이 홍두깨가 떡메를 친다
도마 위를 미끄러지는 정갈한 손맛이
곤두박질하는 멸치, 파도 속을 흘러든다

붓끝의 먹물이 발묵(潑墨)으로 번지고
턱선에 매달린 가락도 한몫을 더 한다

장인이 주물러 내는 손맛이
입속에서 감긴다

공

없는 얼굴을 닮아낸다
구르고 날고뛰고
속없이 맡겨진 몸이다

부드러운 발길로 바람을 가르고
환호의 함성 밑에서 숨을 고른다

한 방의 타격에 시원한 아치가
담장을 넘어 구르고
아옹다옹 잡혀지는 순간에도
내일의 몸값이 복잡해진다

쫓고 쫓기는 평행선에 무리수를 두고 달려들어
내리막을 내달리는 삼진 아웃을 그려낸다

꺼져버린 촛불에 얼굴이 달궈진다

겨울 깊은 밤

이십 대에도 겨울은 온다
아랫목을 찾아서 번뜩거리고
한 명씩 비워진 자리 이력서가 바빠진다

긴 밤을 달려온 스펙은 헐떡이는 숨을 고르고
좁은 문틈으로 새어 나오는 눈치를 살핀다

청년 정책에 긴장한 강남의 기업들
한 명을 뽑으려 거미줄 같은 전국망을 친다

신입 문턱을 밟은 나영이
문어발을 펼치고 메일 창에 마우스를 꽂는다
면접에 지쳐가는 뒤꿈치엔
물집이 잡힌다

뻔한 질문에 뱉는 대답은
곱게 포장된 선물 같다

겨울 바닥에 나가 앉은 철도노조
철밥통을 챙기려는 욕심인가
뒤집어지는 민영화의 계산법

나영이 머릿속은 깊은 밤을 헤매고
째깍이며 돌아가는 시간만 기다린다

치자꽃 필 때

코끝을 파고드는 하얀 속살이
유월의 손바닥에 가득하게 쌓인다

발등에 붙여놓은 엄마의 치자떡은
뿌리 깊은 멍을 뽑아내고
골병든 부기는 자리를 잡는다

스무 해를 돌아서 온 옛집엔
너부러진 가지마다
하얀 바람개비가 매달려
먼 바람을 기다리고 있다

옥양목 앞치마가 부뚜막에 앉아
치자색 반죽을 훑어 내리던
뒤집힌 무쇠 뚜껑은
터진 심장을 열어본다

치자꽃 향기가 흩어지는 가지에는
붉은 쌈지가 어둠을 밝히는
지등으로 걸려있다

겨울 원행(遠行)

송전탑 꼭대기 붉은 깃발이 주먹을 쥔다
고공농성 위로 뿌리 뽑힌 바람이 늘어지고
도르래를 타고 오르는 한 끼의 국밥이
붉은 물을 토해낸다

40일째 노동자 가족은 가슴이 닳아가고
비닐 감은 담요는 길게 오르는 밧줄에 매달려
비정규 목소리를 담아낸다

기약 없는 원행이 부메랑의 응답을 기대하며
강추위를 달래는 따가운 침묵을 한다
지켜주지 못한 하루가 녹아내린다

유채꽃 질 때

노오란 머리 위로 바람이 쓰러진다
사월의 군락을 비집고 매달린 끝은
온 힘으로 버티고
떼어내지 못한 발바닥이 시리다

부딪치는 꽃망울에 온기는 잘리고
마주 잡은 손을 놓지 못한 채
허리를 눕힌다

튀어나오지 못한 깍지 속의 꿈들은
피우지 못하는 아쉬움에 생환의 리본을 매달고
치타의 누상선*을 그리는 행렬에 실린다

팽목항은 눈을 감고 후들거리는 다리를 내준다
붙잡고 휘어지는 열매를 기다린다

*누상선 : 치타의 얼굴에 진한 검은색의 눈물샘 자국.

보이저 1호가 보내온 우주의 소리

광년의 단위를 넘어선 보이저 1호

바다 같은 우주라면 모래사장에서
발바닥에 물을 적시는 우리다

지구의 소식을 담은 신호는
목성 토성을 뛰어넘고
명왕성을 따라 항해를 한다

플라스마 진동이 섬뜩하다
빛의 속도로 전파를 던지며
생명을 연장하는 괴력으로
탐사에 동력을 쏟아붓는다

발밑 풀들과의 통신을 꿈꾸며
얼굴도 모르는 핏줄을 막연하게 그리듯
정처 없이 광막한 우주를 떠돌아야만 한다

어두운 별과 별 사이 빠져나갈 공간이 비좁다

안녕! 몽골리아

한눈에 담기엔 넘쳐 버린 테를지 초원

게르(Ger)* 속 이방인을 찾아든 땅 두더지는
화들짝 숨어들고
사방을 살피기를 수차례

커져 버린 몸집이 힘에 겨워
먹다 버린 뒤처리에 슬퍼지는
눈망울의 콘도르(Condor)

유목민의 마음을 담아내는 흐미*의 울림은
자연의 기운을 온몸으로 끌어안는다

은하수의 숨결이 머리 위로 떨어지고
반짝이는 들풀들의 떨림이
양 떼의 둥지로 남는다

사고무친*의 고난으로 칭기즈칸이 세워지고
후예들의 말몰이가 능선을 휘어감는다

끝닿을 듯 마주치는 용솟음은
또 만나자는 약속을
나이망호수로 남긴다
See you again~

* 게르(Ger) : 몽골인들의 이동식 천막집.
* 흐미 : 몽골의 전통 음악으로 자연에서 나오는 산과 강, 바람, 동물 등의 소리를 표현한 것이다.
* 사고무친 : 사방을 둘러보아도 친척이 없다는 뜻으로, 의지할 사람이 없음.

가을 알레르기

타고 내리는 불만이다
몸부림을 치며 후비고 나온다

얇은 종아리에 부풀어 앉고
어르고 달래 보는 순간
술 취한 성난 얼굴로 눈을 흘긴다

오징어 다리에 감긴 건가
삼겹에 눌려진 자욱인가
뒤돌아보는 저녁 회식 메뉴가 원망스럽다

검은 베보자기 씌워놓고 짚불로 쓸어주던
손길은 잃어버리고
등줄기를 타고 내려오는 하얀 밤은
스멀대며 다가오는 아침을 무겁게 떠민다
골목에 나뒹구는 가을 속을 눈 맞추지 못하고 넘어간다

눈부시게 타고 온 아침은 눈두덩을 누르고
화를 그려내며 움직인 손가락은
생생하게 온몸을 감는다

버려진 모과 속이 뗣어지고
속이 터지도록 참아내는
석류의 가슴이다

제4부

너라는 정물

루스키섬

루스키대교 밑으로 포대가 밀린다

전쟁의 요새가 눈을 감고
고려인의 한이 자작나무 잎을 비빈다
먼 길을 달리는 땅 냄새가 콧등에 머문다

길어진 이주가 목을 내밀고
언어의 심지는 삭풍을 이기지 못한다

동녘을 바라보는 방공호가 고개를 숙인다
떠밀리는 몽돌이 둘레를 떠나고
극동캠퍼스를 넘어가는 루불이 낯설다

난전

좌판 위의 메밀묵 몸짓이 불안하다
지나는 사람들 사이에서
어깨를 울렁이며 눈을 맞추려 애를 써본다
얼마에요?
비닐봉지에 성급하게 담는
할머니의 뻣뻣한 손가락이 조심스럽다

모퉁이에 자리한 푸성귀는
머리에 수건 덮은
할머니와 한낮 졸음을 쫓으려고
뒤집기를 반복한다

작고 크게 잘린 두부모에
큰 것 달라는 아낙들의 손가락 움직임이
주인아저씨의 고개를 연신 끄덕이게 만든다

과자 상자에 담겨 나온 어린 고양이 두 마리는
머리를 맞댄 채 미동도 없이
난전을 원망하며
감은 눈을 뜨지도 않는다

가끔은 젊은 커플의 눈도 분주하다

손의 비밀

앓고 있는 이마를 감싼 손길이
눈꺼풀을 녹인다
수술대에 오른 맨몸도
녹색 마스크 너머로 잡아주는 따뜻함에
떨어지는 불만을 들어 올린다

곁눈으로 올라오는 무릎 위의 매너 없는 손이
이마로 흘러내린 머리카락을 올려주는
부담에 목덜미가 오그라든다
손안에 있는 것이 다르다
뒤집어지는 공방이다

손편지

손바닥을 비집고 질긴 문이 열린다

구들장 냄새가 아랫목으로 퍼지고
가슴을 두드리는 다듬이 소리가
거미줄을 타고 내려온다

쏟아 놓은 콩알을 세어가며
베어지지 않은 버선코 밑으로
시려오는 발등을 매만진다

깜박거리는 새벽이 이슬 속으로 달린다
닫아버리는 문소리에 문풍지가 떨려온다

자리

편안한 곳을 찾는다
고양이는 수맥을 찾아 배를 깔고
강아지는 수맥을 등지고 앉는다

내빈석은 넥타이 매듭을 곱게 다듬고
양복 어깨도 털어 낸다
눈동자는 사방을 살펴 가며
준비된 고개를 숙인다

쩔쩔매는 엄마의 혼주석은
곱게 앉히려는
안쓰런 힘으로 깔려있다

엉켜버린 칡넝쿨도 든든한 뿌리가 있듯이
먼 길을 돌아와서 앉은 자리도
버텨 주는 다리가 있다

자리가 사람을 만든다 한다
만들어진 자리 밑으로
숨겨진 백조의 물갈퀴가
힘겹다

나들목

동네 어귀가 휘어진 등짝이다
바윗돌을 깔고 앉아
오지 않는 손자를 기다리는 할머니
멀리서 거나하게 아들의 중심이 흔들거린다

농부가 물꼬를 열고
배부른 땀방울도 밀고 간다

가로수 밑으로 하굣길의 참새들이
이팝꽃을 머리에 이고 팔랑거린다

가로등이 모퉁이로 고개를 내밀고
비우고 싶지 않은 자리를 지팡이가 일으켜 세운다
들며 날며 불러보는 이름도
불빛 가시에 아파하고
어둠을 안은 채 깨우고 싶지 않은 내일을 깨워서 간다

물난리

산은 물을 건너지 못했다

찌푸린 지붕 아래가 분주하다
짓누르는 기합 소리에 사내들의
눈앞이 번쩍이고
퍼붓는 양동이 발길질에
갈라진 토사가 동맥을 누른다

달려온 포크레인 바가지가
퍼 올리는 한숨이
바닥으로 주저앉고
후들거리는 다리가 매달린다

물기둥에 갇힌 바퀴들은
중얼거리며 들려 나오고
깔려버린 아스팔트 허리가 휘어진다

개미들의 삽자루 전쟁에
진흙을 닦아내는 할머니 숨길이 가빠온다

고구마꽃

백 년에 한 번 핀다는 고구마꽃 피었다
상서로운 길조라 했다

해갈을 기다리는 데는 긴 인내가 필요했다
햇살은 오래도록 따가웠다
시원하게 비 오고, 몸이 불덩이처럼 달아오른 다음 날
하얀 나팔 치맛자락 아래로 보랏빛 단을 여민
창백한 나팔꽃, 밤새 길을 잃고 여기로 온 것이다
빵빵하게 바람 든 치마폭 있는 대로 다 열고
쏟아내는 목 잠긴 소리, 너무 맑아 해독(解讀)이 난해하다

채우다 만 와인 잔의 입술이 파르르 떤다
동동 치는 애기 발뒤꿈치들, 푸른 물결을 자욱이 밟아 나간다
치켜 차는 바람결이 들썩이는 예감들을 촘촘히 흔들어 깨운다

고구마꽃이 피는 해엔 복운이 온다는데
부엉이바위 의지하여 한 점 자연으로 돌아간 외로웠던 사람
현해탄 가시밭길 다리 절며 헤쳐 나온 지도자
순서 없이 떠나가고
길조가 아니어서 미안한 고구마꽃, 고개 숙인 채
자꾸 몸 낮추며 소리 없이
진다

너라는 정물

마냥 기다려야 한다
시장 좌판에서 따라온 지 서른 해가 지나간다

연둣빛 치마에 흰 저고리
허리가 어딘지 줄 하나 그었다
풍성한 귀를 매달고
까만 단추 같은 눈동자는 움직이지 않는다

까르륵거리며 달려올 때
넘어지다 튕겨 일어나는 오뚝이 몸짓을 닮는다

수 없는 곡절을 지나와 우뚝 선 용이는
빌딩 사무실로 출근하는 어깨에 각을 싣는다

변해가는 색깔이 흔들리는 추를 다잡고
장식장 구석을 메워가며 기다려 본다

엉금대고 기어 올 숨소리를

새해 벽두

진눈깨비가 흥국사 고요를 두드린다

짝지은 커피잔에 콧등을 녹이고
청양의 행운을 담으려 입김을 길게 뱉는다
자고산 능선이 일출을 맞으려 바빠지고
어제 만난 이웃도 처음인 양 반긴다

송년에 드리운 술잔은 희미하고
한 해의 다짐을 두근거리며 떠오르는
감격 앞에 두 손을 모은다

각자의 몫을 다한 양 가벼운 걸음으로
소공원 떡국 그릇 앞으로 밀려든다

진한 국물에 덕담이 오가고
귀 기울인 신년사에 오붓한 입담들이 통통 튀며
새해 아침을 깨운다

낮달맞이꽃

창틀이 늘어지게 목을 눕힌다
땅거미가 꺼지고 간간이 흩어지는
소음 사이로 담장을 타고 내려온다

곤두선 귀 끝이 파리하게 떨려오고
두근거리는 가슴을 밀고 손을 내민다

오물거리는 코끝이 조심스레 몸을 낮춘다
전신을 오가는 손길에 숨을 죽이고
낯선 길을 따라 하루를 넘긴다

연분홍 살결이 땡볕을 받아 담고
속 타는 입술은 어이없이 말라가고
남겨진 기다림은 닥종이로 굳어간다

뱉지 못한 속앓이가
달 속으로 박제된다

골담초

여린 잎은 비빔밥으로 혀끝에서 감긴다
으스러질 듯 쑤시는 뼛골 사이로
다려진 뿌리가 정성스레 녹아들고

소반에 눕혀진 향기는 하얗게 밤을 세는
중년의 열기를 덮는다

중생을 구제하려 서산대사가 꽂은 지팡이에
새순이 돋아 영주 부석사 뼈대가 된다

돌담 사이로 내미는 억척이
선비의 짚신 속으로 잠긴다

뒷마당에 내다 걸린 무쇠솥에
멍미할매 무릎 보약이 흐물거리고
나루터를 책임지는 노 사공의 등골 위로
버선꽃이 휘어진다

솔기

마주 잡고 다짐한다

주례사 깊은 뜻은 바닥나고
조각난 상처는 끝자락을 잡고 뒤집힌다

조곤조곤 꺾어 넣은 통솔 아래로
힘없는 목소리가 드러눕는다

아픈 손가락 잠재우고
코끝으로 날리는 먼지 훔쳐 가며
뜨거운 한 줄기 목 뒤로 넘긴다

가슴으로 안기는 봉합선이
위태로운 줄을 타고
비무장지대 고요를 다독인다

정해진 선을 따라 숨 막히는 매무새에
고갱이는 한 폭을 포개가며 맞잡는다
걱정 어린 점선들이 한 땀 한 땀 밀고 간다

6월의 낙동강

흘러가도 앙금은 남는다

흙비에 걷어차이고 가시 돋친 눈을 흘겨도
침묵으로 윤슬을 그린다

모질게 치고 가는 원성이
발밑으로
한 움큼의 모래알을 토해낸다

칠백 리 길을 억세게 감아 돌고
잔잔하게 내달리는 고속철은
무심하리만큼
돌아보지 않는다

첩첩으로 깔려버린 넋을 깨우고
포성의 메아리가 가슴으로 담긴다

지워지지 않는 그림자를 밟으며
한 세월이 또 넘어간다

쉬

항아리 속 황금뻘에 꼬물대며 파고든다
떼어내고 떼어내도 숨바꼭질이다
보글보글 끓는 냄비 세상모르고
둘러앉은 밥상 수저도 바삐 움직인다
와글대는 전율에 동동걸음치고
정낭*에 쏟아붓고 돌아서면
엎치락뒤치락 만원이다
처방된 할미꽃 한 뿌리가
약손이다, 어루만져 잠재운다

*정낭 : 화장실(뒷간의 방언).

개망초

무심히 버려져도 꽃이다
향기가 풀 내음에 밟히어도
털실 같은 미소를 보낸다
호밋자루 입방아에 돌아앉아
잘릴지라도 뽑히지 않는다
절개 있는 규수인가
초여름 따가움에 계란꽃으로 피어나
화해의 시간을 해바라기 한다

바람

삐걱이며 나뒹굴었다
참외밭 지붕이 마당으로 날아간 밥상처럼 헝클어지고
골골이 노란 아우성에 흙터벅이 머릿속은 하얗다

숨이 턱까지 찬 잎들은 강을 건너는 피난민이다
까만 발자국이 흐트러지고
비닐 호스는 꿈틀대며 상처를 달래본다

휩쓸고 간 바람은 산허리에 걸터앉는다
지난 온 길을 돌이켜 본다
집 나갔다 돌아온 지아비 같다

어안이 벙벙한 눈물 앞에 고개 숙인다
되돌릴 수 없는 시간을 수없이 담아낸다

쑥새 2

아프게 하는 바람에 밀려
창문으로 뛰어들었다
치마폭을 놓친 아이처럼 허둥거린다

막막한 사각 상자 안을 헤매인다
날쌘 복서가 되어 유리창을 온몸으로 날린다
눈앞이 아찔하게 아파온다

빗자루 네비를 알지 못하고
댕기머리가 나뒹굴어 버린다

할딱이는 배를 안고
깨알 같은 눈동자가
파르라니 바라본다

햇볕 드는 창틀에
하얀 종이 요를 깔고
날갯짓을 기다린다

회색빛 깃털 하나만을 남겼다
쑥새의 인사를 대신한다
엄마를 찾아 겨울나기를 떠난다고

제5부

꿈꾸는 화병

단풍나무 가지

오뉴월에 무거운 물을 이기지 못해
단풍나무 가지가 창문으로
납작하니 내민다

식탁에 마주 앉은 다섯 손가락이
부러워진다

고운 옷 입을 때를
기다리라고 당겨지니
파란 미소가 수줍어진다

팔랑거리는 바람이 어깨를 세우고
거미줄 같은 가지가 하늘을 쬔다

오색의 물을 담아내었지만
낭창대는 가지는
비워지는 엄마의 뼛골을
돌아보지 못했다

꿈꾸는 화병

깡마른 속살을 파고든다
연필을 꽂고 가위를 거꾸로 밀어 넣는다
말없이 받아준다
장미꽃도 검붉게 토해내며 사라지고
개나리도 쪼그라드는 아픔을 겪는다
속은 비었지만 허울은 그대로 아닌가
한 시절 그리며 목 놓아 기다리는데
부질없는 회상일지라도
만개로 질주하는 5월의 부푼 꿈을
어름덩쿨 타고
족두리꽃 한 아름 담아낸다

동창

아름다운 얼굴이었다
희끗한 머리도 자글한 주름도
동창이란 이름으로
모든 허물 벗어 던지고
천진스런 표정들 그리도 반갑던가

엊그제 입었을 법한 교복이
제 나름의 멋으로 치장되고
부담 없는 대화 속에 옛 추억 되살리니
악동의 핑계 속에 짝사랑이 들통나고
주체 못 할 수줍음이 소녀 되어 돌아오네

조신한 아름다움 동창이란 한배 타고
함께 가자 친구들아 황혼을 바라보며

목련

이리저리 뻗은 가지마다 하얀 가운 입은
참새들이 합창 준비 끝내고 관객을 기다린다
포근한 지휘자를 만나 우아한 성악을 꿈꾼다

미처 부르지 못한 소프라노 합창 앞에 된서리 매서움이
참새들의 우윳빛 가운에 감물을 뿌렸다
내 건망증의 작품으로 태워버린 행주와도 같이….

우아한 자태도 고귀한 오케스트라도 꿈이었다
베르테르의 편지도 슬픔이었다

사랑초 꽃씨

분갈이 틈새로 숨어들었다

재스민에 취해 내미는
자줏빛 콧잔등이 꺾어진다

숨어들어 왔기에
애꿎은 소리 귀 따가워
이불 속 파고들며
대추씨 뿌리 달고 꿈을 키워낸다

봄 햇살이 열리고
너울대는 도포자락 사이로
바비인형 땅속에서
튀어 오른다

어두운 고요가 내려지고
숨죽인 사랑초가
큐피드 화살을
사방으로 날리며
씨앗 자리 지켜낸다

6월의 피멍

전적관 벽을 타고 핏자국이 아우성친다
발굴 현장 유해 속에서 녹슨 만년필이 아픔을 쓰고 있다
통일화 속에는 하얀 발가락뼈가 소복이 담겨 갈 길을 잃었다
동생을 업고 피난 가는 고아 형제의 옷깃에 흰 눈이 소복하다
겪어보지 못한 전쟁의 아픔이 귓전에 울린다
이승만의 눈물로 북진 호소하는 사진이 흑백의 여운을 남긴다
팔다리를 잃은 상이용사들이 휴전 반대를 부르짖고
폭격기는 출동 명령을 기다리는 듯 늠름히 서 있다
70년 전의 피멍이 유리관 속에서
엊그제 일인 양 생생하기만 하다

해일

부들거리며 달려온다
아버지의 고함이 들리고
열 오른 냄비가 끓어 넘친다

모래알을 세는 연인들의
어깨가 반짝이고
만선의 환호로 반기는
너울도 있었다

일출을 밀어 올린 수평선은
바다를 뒤집어 포물선을 그린다

거북이의 헌 집, 새집이 주저앉고
고래집의 댓돌이 넘어온다

깔려버린 추억이
비워진 가슴속을
파고든다

불씨

사라진 시간들이
오롯이 돌아옵니다

사그라든 사랑의
냄새에 귀 기울여집니다

절절한 뜨거움에
눈꼬리가 젖어와도
닳아버린 세월 속으로
가라앉아 버립니다

가슴 깊이 울리는
범종 앞에
에밀레의 불씨를
담아냅니다

목도리

은여우가 잠을 잔 지 서른 해가 넘었다
눈코입 뜯어보고 팔다리를 살펴 가며
보따리장수의 흥정으로 어머니 따라왔다

귓불 감싼 은빛 깃털이
어깨를 타고 대문 나설 때
회전목마를 타듯 날아다닌다

목화를 뚫고 나온 듯한 깃털은
나프탈렌 냄새에 가둬질 줄 몰랐다
안방 벽을 타고 기지개를 켜본다

까칠한 상자 속으로
구겨질 땐 두 눈을 내려버린다

머리를 가리고 다리도 감춰가며
코끝을 부비고 여우짓을 해본다
아직도 깨어나지 못한다

인생길

숙명으로 여기며 내가 걷던 인생길
일찍 가신 아버지, 원망과 그리움으로
힘없는 엄마 앞에선 내색하지 못했네
평길 찾을 여유 없이 돌부리에 걸리면서
물은 제 길 따라 흐른다는 성현의 말씀 되새기며
걷고 걷고 또 걷고
자연의 섭리인지 오솔길 나오고
기운 내어 고개 드니 신작로가 보이네
내 세상 만난 기분 하늘 향해 팔 벌리니
조각구름 추억 싣고 어디 갈꼬 망설이네

육백 년 역사

육백 년 역사의 고귀한 자태여!
억울하여 몸부림에 통곡하며
내려앉은 님 모습에
한 송이 조화가 무슨 의미이며
조문객의 비통함이 무슨 위로이랴
허무함 뒤로하고 곱게 분단장하는 날
지기의 힘 받은 자존심의 현판
후세에 길이 남아 역사를 말하리라
숭례문의 애환을!

재스민

초록 잎새의 앙징스럼에
조석으로 눈길 가네

소리 없이 열고 나온 꽃잎 또한 신비로워
납작하니 자리 잡은 그 모습 겸손함에
내 마음 또한 겸허해지고

보라에서 하얗게 저고리 갈아입어
가슴으로 스미는 향기 어느 향에 비할까

향기 품고 기다리는 터질 듯한 봉오리
순수함 머금은 새색시 미소일까
청순하고 고귀한 여인의 자태일까
그 이름 재스민

이 향기 멀리멀리 무지개다리 되어
내 엄마 전해지면 하나 딸 걱정 마오
천상에서 받아보면 이슬 따라 답 오리라

한 번 더 생각하지

어찌하여 이런 일이
한 번만 더 생각하지
망연자실할 지아비를
애미 없이 살아갈 자식을
추억에 아파할 친구를

천상으로 떠나는 너의 모습
동그란 너의 눈에 낙천성이
야무진 너의 체구의 바지람이
환히 웃는 너의 미소
어디 있은들 반기련만
한 번 더 생각하지

개똥밭에 굴러도 이승이 낫다던데
50년 공들인 인생 그렇게 허무히 버릴 줄이야
추억 속을 헤매며 너의 모습 그려본다
잘 가거라 친구야
언젠간 또 만나겠지

뼈마디 2

효사랑요양병원 601호, 치매 환자실
사라진 기억의 나이테에 돋은 올올한 가시가
흐릿한 시선으로
석고보드 천장에 매달린 형광 불빛을 찌르고 있다

문득 병상을 내려선 할머니 깨금발에
허리춤의 쌈지가 출렁거리며
동굴 같은 전신이 공명한다
무릎에 당도한 바람은 시린 마디 사이를 파고드는데

마른 뼈마디 꺾이는 소리가 밤마다
시트 모서리에 바람을 일으키고
멈춰버린 방아깨비 다리처럼

울렁이던 마음의 마디들 굳어 버린 지 오래여서
편할 텐데

모처럼 면회 온 아들 며느리를 아저씨 아지매라 부르는
창백한 얼굴에 피는 벚꽃 같은 웃음이
한 세월을 건너온 나룻배의 젖은 난간 같다

뼈마디 닳도록 살아온 날들의 변색으로
검버섯 눌러붙은 손등이 겨울 부처손 같은데
바지런을 떨며 한세월 지나온
그 손, 손가락뼈 마디가 일몰처럼 풍화되고 있는
노인은 아직 고무줄 같은 이승에 있다

아파트 소묘

진공청소기 흡입구 같은 아파트로
각각의 모습을 한 기운들이 빨려든다
어둠을 밟고 문턱을 넘어 층층으로 스며든다
속살을 드러내지 않고 굳게 다문다

삼베 리본이 입을 열고 줄을 선다
사각 상자가 광목 띠를 두르고
리무진 뒷문으로 밀려들어 간다
밀밥 먹던 시절 얘기를 추억으로 들려주시던
할머니 얼굴이 조수석에서 검은 띠를 둘렀다
4층의 가지는 회색빛으로 물들었다

시시각각 변하는 풍경 속으로
젖 비린 냄새가 올라온다
뒤뚱거리던 펭귄 걸음을 하던
새댁이 무게를 벗었다
뭉쳐진 포대기 속으로 6층 가지에
조심스레 꽃비가 내린다

이방인이 사다리차를 타고 12층에 둥지를 튼다
벽을 치는 소리가 인심을 담금질해 본다

조심스레 팥시루떡이 낯설게 두드린다
똑 똑 똑

줄기를 타고 올라온 술 냄새가
만만하지 않는 세상을 원망한다
배달 아저씨 손에 들린 튀김 닭이
쓴맛을 지으며 층층을 밀고 간다

가을 석양

옥수숫대 사이로 가을이 넘어간다
머리 위로 바람이 던진 하늘이 올라가고
철 늦은 삼베 적삼 속으로
깡마른 어깨가 부딪친다
넘어지기 버거워 능선을 타고
햇살이 들판 가득 쏟아진다
아쉬운 조각들이 그림자를 남긴다
마지막 가는 중년의 몸부림이다

비상 코로나19

빈틈을 비집고 스며든 우한
황소도 떨고 고위층도 파리하다

날아오는 공을 피하는 터치볼(Dodgeball)장의 아우성
간절히 바라는 응원도 방심 앞에 무너지고
코치진의 말발도 헛발질로 땀을 뺀다

앞 못 본 처방은 곳곳에서 내려지고
가짜가 뒹굴며 방향을 헤맨다

터널의 끝을 찾는 낙동강 전선에
출셋길에 눈먼 유튜브 속 실언
후벼파는 시간들이 서로에게 안긴다

목표를 찾는 안정화가 의료진의 소매 끝에 매달리고
글로벌의 푸대접을 예언하지 못한 채
굽신대는 아부가 멀어져가는 꼭짓점에서
뜨거운 통탄으로 흐른다

정서(情緖)와 사유(思惟)의 울림

— 최인희 시집『치자꽃 필 때』

우종상(문학평론가 · 시인 · 문학박사)

1. 들머리

시(詩)는 인간의 복잡하고 미묘한 정서와 사상을 가장 복잡하고 다양하게 엮어진 문자언어로 형상화하는 문학의 한 장르(Genre)라고 정의한다. 그런 연유로 시에 쓰인 시어는, 아름다울 수 있게 다양하게 사용되며, 시는 문학의 문학이고 문학의 여왕이라고 일컬어진다.

시(詩)라는 한자어는 말씀 언(言)과 관청 시(寺)의 합성어로, 옛날 중국에서는 관청을 시(寺)라고 하였는데, 때로 성부인 시(寺)를 절 사(寺)로 인식하여 불교와의 관련성을 논하지만, 불사와 전혀 무관한 것은 아니라고 하여도, 불사와 밀접한 연관성을 주장하는 것도 모순(矛盾)이 아닐까 한다. 성부의 마디 촌(寸)은 말 그대로 손(手)을 뜻하기에 '손을 움직인다.'는 뜻으로 본다면 소위 문학에서 말하는 창작(創作)의 의미가 내포되어 있다고 볼 수 있을 것이다.

사서삼경(四書三經)은 유교의 교육 및 교양서적으로, 유교 교육의 가장 핵심적인 책이다. 이 중 시경(詩經)은 춘추시대(春秋時代) 주(周)의 민요(民謠)를 중심으로 한 중국 최고(最古)의 시집(詩集)이기에 시대를 뛰어넘어 전해오는 공통적인 정감을 느낄 수 있다는 장점도 있을 수 있을 것이라고 생각한다. 필설(筆舌)로 표현하기 어려운 인간의 정감을 일정한 형식을 빌려 반복하면서 노래하였기에, 그중에는 사랑의 설렘도 있을 수 있을 것이며, 이별의 아픔도 있을 수 있을 것이다. 게다가 사랑하는 사람에게 버림받은 괴로움도 잠재되어 있을 것이며, 사랑하는 사람을 만나지 못하는 안타까움도 발견할 수 있을 것이다. 인간 군상(群像)들이 살아가면서 겪는 다양한 감정과 생각들이 얽히고설켜 시공(時空)을 초월하여 공감대를 형성하고 있기에 더욱 친밀감을 조성하여 주는 서책(書冊)이 아닐까 한다.

305편의 시가 전하는 『시경(詩經)』 중의 「대아(大雅)」는 주로 궁중에서 조회(朝會)할 때 부르는 노래라고 하지만, 잔치할 때 부르는 노래도 섞여 있다. 「대아(大雅)」의 끝부분에 보이는 권아(卷阿)는 천자(天子)에게 조회 온 제후(諸侯)들을 위해 부른 노래로 시에 대한 구절이 보이는 것이 문헌상 최초의 시(詩)라는 어휘가 아닐까 한다.

"君子之車 旣庶且多 君子之馬 旣閑且馳 矢詩不多 維以遂歌(그대의 수레는 어찌 그리 많으며, 그대의 말들도 길이 들어 잘 달리네. 읊은 시가 많지 않으나, 노래를 지어 부른다네).

최동호는 시를 정의하기를 "시는 시인 자신의 누적된 감정의 자족적 해소를 위해서 존재하는 것은 아니며, 독자의 허영심을 부추기기 위해 존재하는 것도 아니며, 비평가의 수사적 예찬이나 현학적인 자기 과시를 위해 존재하는 것도 아니다. 적어도 시를 쓰고, 시를 읽으며, 시를 논하는 사람에게 시라는 것은 있어도 좋고, 없어도 좋은 것이 아니다. 절대적으로 명명하고 필연적으로 존재를 드러낼 수밖에 없는 시만이 시라는 이름에 걸맞은 시가 될 것이라 생각된다."라고 하였는데, 이것은 시가 지향하는 가치관이나 목표 지향점을 예표(豫表)한 것이 아닐까 한다.

고전평론가 고미숙은 최근 저서『읽고 쓴다는 것, 그 거룩함과 통쾌함에 대하여』에서 글쓰기에 대한 생각을 다음과 같이 역설하고 있다.

"실제 글을 쓴다는 건 인생과 세계를 마주하는 거예요… 산다는 건 결국 누군가를 만나고 이 세상에 대해 알아가는 과정이잖아요? 글쓰기는 그걸 언어와 문자로 하는 것뿐입니다. 해서, 글쓰기에서 제일 중요한 건 사람에 대한 관심이죠. 또 세상에 대한 지적 호기심으로 충만해야 합니다. 그게 안 되면 글이 제대로 나오기가 어려워요. 자의식의 굴레 안에서 맴돌기 십상입니다.” 자의식의 굴레 안에서 맴도는 자기도취가 되지 않기 위해서 자기의 주관적 안목으로 객관적 대상을 그려낼 때 진정한 글다운 글이 나올 수 있다는 취지로 이해할 수 있지 않을까 한다. 이런 맥락에서 생각할 때, 시인은 시를 쓰는 과정을 통해서 결국 자기를 재발견하게 될 것이며, 자기를 성찰하는 계기를 획득하게 되지 않을까?

최인희 시인은 경북 칠곡 출신으로 다양하게 시적 활동을 하고 있는 분이라는 것을 그의 프로필(Profile)을 통해서 유추할 수 있으며, 게다가 현재 활발한 의정 활동을 하는 군의원이란 것도 짐작할 수 있게 된다.

최인희 시인의 시집 『치자꽃 필 때』에는 1부 18편, 2부 18편, 3부 16편, 4부 18편, 5부 17편 도합 87편의 시들이 오롯이 자리하고 있다. 여류 시인이 갖는 정감 어린 시들과 순수하여 가식이 없는 내면을 표출한 시다운 시들에서 우리는 현대시가 갖는 시의 위치를 발견할 수 있다는 것에 위안을 얻을 수 있지 않을까 한다.

전 87편의 시들은 부모님과 효에 대한 성찰, 현실의 부조리와 안타까움, 과거의 추억과 회상, 자연 소묘, 일상의 자기 성찰, 동물에 대한 애끓는 사랑, 내면심리의 표출 등 다양한 시상들이 시인의 세밀한 시선과 섬세하고 세련된 시어로 시화가 되었기에 시를 읽는 감동과 재미를 느끼기에 충분하다고 생각한다.

그 외에도 특이하게 2008년 2월 10일 숭례문 화재를 소재로 한 시와, 칠곡은 한국 전쟁 당시 가장 치열

했던 낙동강 전투의 전적지인 다부동이 있기에 6 · 25와 관련된 분단 현실을 노래한 시와, 보이저 1호의 우주탐사를 다룬 시와, 몽골과 블라디보스토크의 루스키섬을 여행한 시와, 다양한 꽃과 관련된 시들도 특이한 시편이라고 생각을 할 수 있다.

2. 몸말

문학(文學)은 흔히 인간의 종합적인 표현이라고 한다. 그리하여 독자는 문학이 가지고 있는 '인간의 총체성' 때문에 문학에서 작가와 독자는 공유한다고 할 것이다. 문학을 읽는 목적은 작가의 작품을 통한 간접 경험을 통해 자기의 폭을 넓히고 심화시키기 위함이라고 할 수 있을 것이다.

특히 시문학에서 압축성과 상징성과 감각성을 특징으로 하는 시어를 통해 관찰과 분석으로 시인의 내면세계를 탐구한다는 것도 현대 문학이 갖는 중요한 특질의 하나가 아닐까 한다.

최인희 시인의 시편들은 대체로 서경적인 시들보다는 개인적인 정서와 사상의 표현을 단단한 구성으로 노래한 서정적인 시들이 주류를 이루고 있다고 할 것이다. 시적 화자가 시 속에서 보여주는 마음의 상태를 '정서'라고 하고, 시적 화자가 특정 대상이나 시적 상황에 대하여 시를 통해 보여주는 마음의 자세를 '태도'라고 규정할 때, 우리는 시적 화자가 어떤 상황에서 그런

말과 행동을 하고 생각을 하였는지를 그의 육필시를 통해 쉽게 그에게 다가갈 수 있다고 할 것이다.

서정시(抒情詩)들은 어떤 대상을 자아화(自我化)하여 표현하므로, 독자는 시를 읽어 가는 동안 서정시의 시적 화자와 자신을 동일시(同一視)함으로 작품 속으로 몰입하게 되고, 그로부터 또 다른 새로운 세계로 참여해 들어가는 미적 효과를 얻게 된다고 할 수 있을 것이다. 이런 일련의 과정들을 통해 독자는 감정과 정서의 순화(純化)가 이루어진다고 할 수 있지 않을까 한다.

부수적으로 서정시들은 음악적 율동에 실려 노래가 되는 독백적 양식의 문학이기에 독자나 낭독자들은 시를 읽거나, 읊음으로써 시인의 은밀한 독백을 엿보게 되는 쾌감을 맛보게 된다고 할 수 있을 것이다.

테렌스 데 프레(Terrence Des Pres)의 『생존자』는 제2차 세계대전의 홀로코스트에서 살아남은 생존자들에 대한 책으로 폴란드의 아우슈비츠 수용소에서 실제 있었던 이야기이다. 이 책에 '커피 반 잔'에 대한 일화가 있다. 아우슈비츠 수용소에서 매일 커피를 한 잔씩 포로들에게 주었다고 한다. 그렇지만, 그 커피는 커피 본연의 향긋한 향이 나는 커피도 아니다. 그 수용소에서 포로들에게 주는 커피는 악취가 나는 물에 불과했다. 대다수 수용소의 포로들에게 목욕할 물도, 심지어 세수할 물까지도 변변찮게 공급하였다. 포로들 중에는 그 커피 한 잔을 다 마시는 사람도 있는가 하면, 커피 반 잔은 마시고, 남은 반 잔은 적은 양이지만 남은 물로 고양이 세수라도 하고, 손도 씻고 그러했다고 한다. 수용소 내의 포로들은 서로 다른 생각들이 교차했을 것이다. 그렇지만, '커피 반 잔'을 다 마시지 않고 자신의 용모에 투자한 사람들이 끝까지 생존할 수 있었다는 이야기이다. 커피 한 잔을 다 마신 사람들의 가슴에는 내일을 기약할 수 없는 암울한 절망만이 있었을 것이고, 반면 커피 반 잔으로 자신의 용모를 관리한 사람들의 가슴에는 내일에 대한 희망이 뜨겁게 용솟음쳤다고 할 수 있을 것이며, 그 희망으로 그들은 절망에서 벗어날 수 있었지 않았겠는가?

실존주의 사상가인 키에르케고르(Kierkegaard)는 『죽음에 이르는 병』에서 절망은 곧 죽음에 이르는 병이라고 설파하여 절망 그 자체는 생의 희망을 좀먹는 해충과도 같다고 하였는데, 절망이란 희망이 없는 곳에서 희망을 가져야하는 중요성을 강조하고 있다고 볼 수 있을 것이다.

최인희 시인의 시들은 절망적인 시편보다 긍정적이며 희망적인 시편들이 많이 보였으며, 그렇기 때문에 아직은 이 사회가 살맛이 나는 사회라는 것도 시를 통해 누구라도 쉽게 느낄 수 있다고 하겠다. 이런 것들이 문학, 특히 시가 독자들에게 주는 메시지(Message)의 중요한 역할이 아닐까 생각한다.

시는 고도의 언어 예술이다. 그래서 이런 시에 사용되는 언어를 시어(Poetic Diction)라고 말한다. 시인 김수영은 "내가 써 온 시어는 지극히 평범한 일상어뿐이다."라고 하였다. 그러나 시어는 일상의 언어이면서도 일상의 언어 속에 용해될 수 없는 독자성(함축적 특징, 정서적 기능, 보호성 등)을 갖는 언어라고 볼 수 있을 것이다.

서울대 언론정보학과의 박명진 교수는 『두꺼운 언어와 얇은 언어』(문학과 지성사)에서 "언어의 두께는 생각의 두께를 반영한다. 많은 생각을 담은 언어와 이지적 언어는 두꺼워질 수밖에 없고, 즉각적 감성적 언어는 얇아진다."고 하였다. 그에 의하면 두꺼운 언어는 많은 생각들이 교차하고 용해되어 만들어진 것이어서 함축 의미들이 켜켜이 생기고, 얇은 언어는 직접적이고 가벼우며 사고나 성찰이 약하다는 것이다.

이런 의미에서 고찰하면 시에서는 당연히 두꺼운 언어가 확대 재생산이 되기에 언어의 깊은 의미를 느낄 수가 있을 것이다.

1부 아버지의 숫돌에 보이는 18편의 시들은 생활의 단상에서 느끼는 시인 특유의 관점이 돋보였다.

> 오늘만큼은 주인공인 할머니 할아버지
> 육개장에 잡채, 감주, 돼지고기, 떡, 술
> 거하게 먹고 마시고 까만 얼굴에 웃음골 패인다
>
> 손자가 달아준 꽃 자랑에 술잔이 넘치고
> 아들이 지난해 사다 준 신발 자랑도 빼놓지 않는다

박자 없는 노랫가락이 앞장을 서고
힘든 세월 기마자세가 흥에 겨워
꽹과리 장단에 주체 못 한 어깨춤이 뒤를 따른다

시간은 노인 기운 뺏어 저만치 달아나고
시간 등에 내가 타고 해보자는 할아버지
금니 은니, 가녀린 허리 잡고 오늘만은 윤이 난다

앰프가 꺼지고 가마솥 연기도 사라진다
윗도리 찾아 걸치며 소맷자락 어디 있냐 헤메인다
오늘 대접 좋았다만 또 찾을 리 없을 테고
내일은 찾지 마라 스스로를 달래본다

—「경로잔치」 전문

위의 시는 경로잔치의 흥겨운 모습을 마치 파노라마(Panorama) 수법으로 전경을 그려 낸 서경시의 하나라고 생각한다. 서정시가 대부분인 최인희 시인의 시에서 사생적(寫生的)인 시가 보임은 예외적인 형태가 아닐까 한다.

동네 경로잔치의 주인공인 할머니와 할아버지께서 술과 안주와 돼지고기와 잡채와 육개장에 함포고복(含哺鼓腹) 하여 얼굴에는 웃음꽃이 피었다고 한다. 게다가 손자가 달아준 꽃 자랑과 아들이 지난해 사다 준 신발 자랑도 하며 술잔이 넘치게 흥에 겨운 모습은 시를 읽는 누구나 눈에 선하게 느껴진다.

얼마나 신명이 나셨으면 박자도 없는 노랫가락이 박자보다 앞서 나가고, 기마자세로 흥을 이기지 못하여 어깨춤을 덩실덩실 추기도 한다.

할머니와 할아버지들은 나이를 잊고 제멋에 겨워 금니 은니를 드러내고 웃음을 보이며 경로잔치에 빠져든다. 이윽고 앰프가 꺼지고 가마솥 연기도 사라지면 그들은 윗도리 찾아 걸치며 그들의 잔치는 오늘뿐이라고 자위를 한다는 내용의 시이다.

마지막 부분의 '오늘 대접 좋았다만 또 찾을 리 없을 테고 내일은 찾지 마라 스스로를 달래본다'에서는 일회성으로 끝나는 경로잔치에 대한 성찰의 뜻을 짐작할 수 있지 않을까 한다.

묘사(描寫)는 예술 작품에 있어서 어떤 대상을 객관적이고 구체적으로 표현하여 옮기는 시적 표현 기법이라고 할 때 경로잔치의 광경을 묘사의 기법으로 상세히 그려 낸 작품이라고 생각한다. 시를 읽어나가며 시의 분위기와 광경과 느낌이 독자들에게 그대로 생생하게 전달이 되는 시가 아닐까?

위의 시에서 '얼굴에 웃음골 패인다'와 '노랫가락이 앞장을 서고'와 '어깨춤이 뒤를 따른다'와 '기운 뺏어 저만치 달아나고' 등의 표현은 우리가 흔히 겪는 경험의 법칙이나 상식을 뒤엎는 말하기인 가진술(假陳述)로, 가진술은 상식을 뒤엎으면서도 시적 진실을 추구하는 표현 방식이므로 일상생활의 산문적인 말하기 방식과 구별되는 시적인 방식이기에 의사진술(疑似陳述)이라고도 불린다.

할머니 할아버지들을 시적 화제로 다룬 시의 하나가 바로 「바퀴」가 될 것이다.

하나둘 모여든다
경로당 앞마당에
네발 짚은 바구니가
도담도담 키워 낸 자리 비우고
고즈넉이 땅거미만 기다린다

천 리를 달리다 닳아버린 마음이
무릎을 타고 앉는다

국방색 담요를 깔고
숨어있는 새를 찾아
손바닥 위로 일곱 장이 돌아간다
10원짜리 도리(도리짓고땡) 잡는데
하루해를 싣는다

비워지는 막걸릿잔 속으로
팍팍한 골목길을
고단한 바퀴가
떠밀고 나간다

—「바퀴」 전문

위의 시도 경로당 생활의 모습을 스케치(Sketch)하여 나이 드신 분들의 일상을 생생하게 증언하는 시로 볼 수가 있을 것이다.

우리 현대시에서 1960년대 조국 근대화 이후의 시들은 대체로 시적 경향을 네 가지로 들 수가 있지 않을까 한다.

첫째, 사회 현실을 비판하고 고발한 참여시를 들 수가 있다.

둘째, 산업화와 도시화로 인한 인간 소외 현상과 좌절을 표출하려는 인생파적인 시를 들 수가 있다.

셋째, 부조리한 현실과는 무관하게 순수 서정을 노래한 전통파의 시가 있다.

넷째, 주지주의적 경향의 시 내지 실험시를 들 수가 있다.

위와 같이 다양한 각도에서 시의 경향이 세분화되고 있다면 「바퀴」는 산업화와 도시화로 인한 인간 소외 현상과 좌절을 표출하려는 인생파적인 시의 범주에 들 수 있는 시가 아닐까 한다.

경로당은 노인네들의 사랑방과 같은 역할을 하고 있는 쉼터와 같은 공간일 것이다. 갈 곳이 없는 노인네들이 네발 짚은 보행기를 의지하여 땅거미가 질 때까지 쉬는 장소가 아닐까? 경로당 안에는 '천 리를 달리다 닳아버린 마음'들이 무릎을 타고 앉아서 무료를 달래고 있다.

그들은 '국방색 담요를 깔고 숨어있는 새를 찾아 손바닥 위로 일곱 장의 화투장을 들고, 10원짜리 도리(도리짓고땡) 잡는데 하루해를' 보내고 있다. 이따금 막걸리를 시켜 먹기도 하다가 저녁때가 되면 비로소 고단한 바퀴를 끌고 집으로 향한다는 노인네들의 일상을 소재로 시간을 보내기 위한 그들의 일과를 주제로 하여 현대 사회 노인네들의 소일거리로 그들의 실태를 우회적이고 간접적으로 다루고 있는 시가 될 것이다.

2부 검색, 비공개에는 18편의 시들이 자리하고 있으며, 동물에 대한 시인의 각별한 관심과 애정이 두드러지는 시편이었다.

난데없이 새 한 마리가 날아들었다
바람결이 바늘 같아 창을 뛰어넘었나
치마폭을 놓친 아이처럼 허둥거린다
겨울을 찾아 상자 안에서 헤맨다

낯선 도시의 지하철을 반대로 타고
쇼핑몰 주차장에서 아반떼를 찾아 헤매던
길치의 두근거리는 아픔이다

빗자루 안내는 거미줄처럼 엉키고
날쌘 복서가 되어 유리창으로
온몸을 날린다

눈앞이 아찔하게 아파 온다
혼자만의 틀에 갇힌 자폐의 몸부림이다

질끈 감은 어깨 위로 댕기머리가 나뒹군다
할딱이는 배를 안고
겁먹은 눈동자는 후회를 담는다
적외선이 조심스레 털을 고른다

남겨진 깃털 하나가 바람에 실린다
출렁이며 인사한다
기억하고 싶다고

—「쑥새 1」 전문

위의 시는 흔히 도회지에서 길을 잃은 겨울 철새의 하나인 쑥새를 소재로 하였다. 미처 길 떠날 때를 잃고 도회지의 미아처럼 갈 곳을 모르고 방황하는 새에 대한 시적 자아의 관심과 사랑으로 낳은 시가 아닐까 한다. 사랑이란 이렇게 말 못하는 동물들에 대해서도 전달되는 따뜻한 마음 씀씀이가 될 것이다. '바람결이 비늘 같아'란 직유에서 더욱더 안타까움을 느끼게 됨은 인지상정이 되지 않을까 한다. 물론 '길치의 두근거리는 아픔이다'란 은유에서는 시인의 동물에 대한 유별난 마음도 느끼게 된다고 할 것이다. 이심전심(以心傳心)으로 느끼는 말 하지 못하는 동물에 대한 사랑은 '회색빛 깃털 하나를 놓고 갔다'란 마지막 연에서 민망한 쑥새의 인사인 '엄마 찾아 겨울 속으로 떠난다'로 환치 시켜 인간과 동물의 끈끈한 사랑을 상징적으로 인식 시켜 놓았다.

위의 시는 겨울 철새인 쑥새에 관한 것이라면, 다음의 시는 반려동물인 고양이에 대한 시인의 각별한 의식 세계를 적나라하게 보여 준다고 하겠다.

포기하려다 솔비를
바늘을 꼽고 X-레이를 찍고
체온을 같이 하며 호들갑도 떨었다
거부하는 미음을 넣었지만
배설물조차 깔끔을 잊었다
솔비야! 솔비야!
구슬 같은 갈색 눈망울이 젖어있다
화장실 바닥에 까만 덩어리 두 개

몇 날을 끙끙이며 마지막 준비인가
엎드려 바라보는 목으로 물 두 스푼
꼴딱이는 세모진 입속에 선홍빛이 기운을 잃었다
퇴근한 거실에 어두운 상자 하나
우두커니 선 아들, 야옹대는 은비
온몸으로 돌덩이가 내려앉는다
효자봉으로 수목장해서 보냈다
짝 잃은 은비는 거실 가득 슬픔을 토해낸다

—「솔비」 전문

화장실 문을 은비가 비집고 들어와
용수철처럼 튀어 오른다
허벅지를 비비고 똘망한 눈을
아침 인사로 깜빡인다

베란다 회색창이 내려지던 밤
사방을 날으며 전력 질주로
자유를 만끽하다
두루마리 휴지로 굴렁쇠를 굴린다

아들의 고함에
휘장을 두른 은비의 날개는
바닥으로 가라앉고
움찔거리며 방충망 바깥으로
마음을 담는다

은비야,
밥그릇 소리에 네 발은 바쁘게

날개를 단 듯 은빛을 출렁이며
우리 고양이 날아온다 오늘도

—「은비」 전문

시인의 말에 의하면 솔비(브릿티시 숏헤어)와 은비(스코티쉬 폴더)는 둘 다 애완용 고양이라는 것을 알 수 있다. 그런데 솔비는 시인의 각별한 사랑에도 병이 들어 '효자봉으로 수목장'을 하였다는 것을 알 수 있으며, 은비는 '허벅지를 비비고 똘망한 눈'으로 깜빡이며 아침이면 아침 인사를 하여 시인의 사랑을 독차지한다는 것을 알게 한다. 게다가 두루마리 휴지로 굴렁쇠를 굴리기도 하며 애교와 재롱을 부리다가, 시인 아들의 고함에 놀라서 얌전해지다가 먹이를 주는 시인의 밥그릇 소리에 마치 날아오르듯이 신바람이 나는 표현에서 시적 화자의 고양이 사랑을 상세하게 시적 진술하고 있다고 하겠다.

아마 시인의 애완 고양이 사랑은 아가페(Agape)적이 아닐까? 인간과 말을 못 하는 동물과의 사랑은 때로 가슴 찡한 감동을 유발하기에 충분하다고 할 것이다.

다음의「검색, 비공개」도 또한 고양이에 대한 사랑을 주제로 한 작품이다.

쉰 목소리가 아침을 깨운다
눈 코 입 더듬어가며 머리카락으로
잔잔한 입김이 머문다

은비는 탐색 중이다
앞집 문소리가 출근을 한다
앞발을 모아 직립으로
고개를 길게 뽑아낸다
엘리베이터 문이 닫히고
안심한 발이 내려온다

애걸하는 목소리가 따라다닌다
우유 줄까? 야옹~
고기 줄까? 야옹~
갸우뚱한 고개로
두 눈을 깜빡이며 대답을 기다린다

여러 절기를 넘어온 고뇌가
소름으로 돋아나 튀어 오르고
브러시에 엉긴 털은
목화솜을 뽑아낸다

—「검색, 비공개」 전문

고양이 은비가 '쉰 목소리가 아침을 깨운다'는 표현에서 생각하면, 은비는 아침이면 시인에게 울음으로 아침 인사를 대신한다는 것을 알게 하여 준다. 그러다 아파트 앞집 문소리가 들리면 고개를 길게 뽑아 호기심을 보이다가 엘리베이터 문이 닫히면 비로소 안심한 발을 내린다고 한다. 아침을 달라는 고양이의 애걸하는 목소리가 시적 화자를 따라다닌다는 표현에서 시인과 동물의 정서적 교감을 누구라도 느낄 수 있을 것이다. 이러한 교감은 사랑의 터전에서나 가능한 것이라는 것은 자명하지 않겠는가?

대청마루 한가운데 제비가 날아든다
지푸라기 섞은 흙을 입으로 물어다
꼭대기 흙집이 만들어진다
노란 입들이 줄지어
있는 힘껏 벌려 댄다
어미는 부지런히 먹이를 물고
여섯 마리에게 정을 준다
어느새 이마로 철퍼덕 뭔가 떨어진다
제비 방이 궁금해진다
땡볕에 바지랑대가 눈에 들어온다
키의 세배나 되는 장대로 제비 방을
뚫어 보려는 순간 와르르~
대청마루가 전쟁터였다
어미 제비가 원망의 몸부림을 쏟아낸다
새끼 제비 배가 벌떡거렸다
소쿠리에 수건을 깔고 담아 보았지만 소용없었다
장마 끝으로 불어난 냇물에 떠내려 보냈다
놀부 생각에 겁이 났다 울고 말았다

―「나 어릴 적」 전문

그 외에도 시인의 어릴 적 경험을 노래한 「나 어릴 적」에서는 대청마루 한가운데 제비가 지푸라기 섞은 흙집을 만들어, 호기심으로 제비 방이 궁금하여 키의 세배나 되는 장대로 제비 방을 뚫어 보려다가 제비집이 파괴되면서 새끼 제비들이 죽어 냇물에 떠내려 보낸 아픈 기억을 회상한 시도 보였다. 아마 이렇게 동물들을 사랑한 시인의 기저(基底)에는 사랑이 숨 쉬고 있기 때문이라는 것은 누구라도 동감할 수 있을 것이다.

자신의 감정을 대상 속에 이입 시켜 마치 대상이 그렇게 느끼고 생각하는 것처럼 표현하는 방법을 감정이입(Empathy)이라고 한다면, 본래 감정 이입은 인간을 대상으로 하는 것이기에 본래적 감정 이입이라고 할 것이다. 결국 시인과 같이 대상에 감정을 전달하는 것은 '객관화된 자기 가치 감정'이라고 부른다.

3부 머리를 빗으며에는 16편의 시들이 자리하고 있다. 「머리를 빗으며」, 「봄비를 맞으며 들길을 가면」, 「가을밤에 찍은 느낌표」, 「손맛」, 「치자꽃 필 때」 등 서정적이고 감성에 호소하는 여류 시인 특유의 시편들이 보이고 있다.

예외적으로 「겨울 깊은 밤」, 「겨울 원행(遠行)」, 「유채꽃 질 때」와 같은 현실의 안타까운 비애를 노래한 시들과 몽골 기행시편인 「안녕! 몽골리아」와 특이하게 과학계의 이슈(Issue)가 된 외계 탐사와 관련된 「보이저 1호가 보내온 우주의 소리」가 보임도 그의 확대된 시세계를 보여주기에 충분한 시들로 볼 수 있지 않을까 한다.

무거운 어깨가 벗겨져 내린다
머리에 떨어진 물방울에 놀란
풀잎도 팔을 털고 일어선다

노란 민들레는
성수를 받으며 안식처를 찾는
홀씨가 부러워진다

늦게 내민 봉오리가 허겁하게
목덜미를 여민다

발밑에서 기지개가 귀를 세우고
출발선에 가슴이 콩닥 질 한다

엄마 손 잡고 입학하던 날
가슴에 단 손수건은 자랑스러웠지만
교문 들어설 때의 두근거림이다

화선지를 준비하는 서화가의 손끝에서
사군자의 경이로움을 담아내듯
운무에 깔린 병풍이 벗겨져 나온다

—「봄비를 맞으며 들길을 가면」 전문

문학을 흔히 구체적인 경험의 총체적인 표현이라고 할 때, 시인의 뇌리에는 마치 향수와 같이 아름다운 어린 시절의 경험들이 추억으로 자리하고 있을 것이다. 그것이 아름답든 그렇지 않든 쉽게 지울 수 없는 기억들은 자양분이 되어 인간적인 삶의 모색을 하게 되고 철저한 생활인이 되게 할 수도 있을 것이다.

최인희 시인은 의정활동에 바쁜 가운데, 틈틈이 시작을 하여 그의 삶의 이정표를 시로 제시하고 있다고 하겠다. 그러나 시의 본령에 충실하고자 하였기에 부조리한 현실의 비판이나 폭로와 같은 물질문명에 침탈(侵奪) 당한 시대상에 아파하는 마음을 시로 토로하지는 않은 것 같다.

「봄비를 맞으며 들길을 가면」을 읽으면 한 폭의 수묵담채화를 보듯이 선명한 느낌의 인상을 주기에 충분하다고 생각한다. 봄비가 내리면 수많은 초목들이 파랗게 생기를 머금고 그 자태를 자랑한다. 봄비는 마치 성수와 같이 식물들에게 반드시 필요한 생수일 것이다. 그래서 봄비를 맞고 풀잎도 기지개를 하고 일어선다고 하였다. 그리고 아직 피지 못한 꽃봉오리가 봄비를 맞고 허겁지겁 개화를 하는 순간도 시인은 놓치지 않고 시인의 안목으로 발견하게도 되지 않을까?

만물의 겨울잠을 일깨우는 봄비는 모든 생물들을 새롭게 자라게 하기에 시인의 안목으로는 마치 출발선에서서 출발 신호를 기다리는 두근거리는 긴장감이 있다고 하였다. 시인은 그 두근거림이 마치 초등학교 입학식 날 엄마 손 잡고 등교할 때의 가슴 두근거림과 같다고 하여 자연과 일치된 감정의 교감을 비유하였다.

봄비에 운무가 걷히면 자연은 마치 사군자의 경이로움을 하얀 화폭에 담아내는 동양화가의 그림과 같이, 한 폭 한 폭 병풍과 같은 아름다운 경치를 자랑하는 봄날의 서정을 봄비 맞으며 흠뻑 즐길 수 있는 여유는 바로 자연을 사랑하고 즐기는 호사스러움 그 자체가 아닐까 한다.

다음으로 서정적인 시인의 특성이 잘 표출된 것으로

는 「치자꽃 필 때」를 들 수가 있을 것이다.

치자꽃은 꽃말이 "행복, 한없는 즐거움"이라고 한다. 봄날 하얀꽃이 바람에 날리면 순수한 서정을 자아내기에 이보다 더 적절한 꽃이 없을 것이다. 마치 멕시코 원산인 외래종에다가 너무 흔한 가을꽃이기에 각광을 받지 못하는 코스모스와 같이, 중국 원산의 외래종이라 대중들의 이목을 끌 수 없기에 더 정이 가는 꽃이 아닐까 한다. 청마 유치환은 남편을 잃고 홀로 사는 시조시인 이영도와 주고받은 연서(戀書)에서, 이영도 시조시인을 청초한 하얀색의 치자꽃에 비유하기도 하였다고 하지 않는가?

코끝을 파고드는 하얀 속살이
유월의 손바닥에 가득하게 쌓인다

발등에 붙여놓은 엄마의 치자떡은
뿌리 깊은 멍을 뽑아내고
골병든 부기는 자리를 잡는다

스무 해를 돌아서 온 옛집엔
너부러진 가지마다
하얀 바람개비가 매달려
먼 바람을 기다리고 있다

옥양목 앞치마가 부뚜막에 앉아
치자색 반죽을 훑어 내리던
뒤집힌 무쇠 뚜껑은
터진 심장을 열어본다

치자꽃 향기가 흩어지는 가지에는
붉은 쌈지가 어둠을 밝히는
지등으로 걸려있다

—「치자꽃 필 때」 전문

적절한 비유와 묘사로 시적 긴장을 유발하면서, 하얗게 핀 바람개비처럼 바람에 날리는 치자꽃 향기를 맡으며 유년 시절을 회상하는 위의 시는 감각성이 높은 정경 묘사를 통하여 독자들에게 깊이 있는 정감을 유발시키기에 충분한 서정시라고 생각할 수 있는 시이다. 치자꽃을 보면서 느끼게 되는 시적 자아의 애달픔과 수심은 '어둠을 밝히는 지등'이란 은유에서 절정을 보이고 있지 않을까 한다.

자연물인 시적 상관물과 시인의 공감대는 바로 의미의 확산이란 등식이 성립되며 누구나 동감할 수 있는 정서가 아닐까? 유월을 수놓고 있는 순백의 치자꽃과 하얀 꽃잎에서 퍼져 나오는 달콤하면서도 매혹적인 향기는 어떤 향수보다 더 사람을 현혹시키는 요염함이 있지 않을까 한다. 시인에게 치자꽃은 유년의 기억과 조화를 이루어 잃고 있었던 과거의 추억들을 일깨우는 장치로 적절한 시적 표현상의 수법이 되기에 충분하지 않겠는가 한다.

시적 화자에게 치자로 만든 엄마의 떡은 멍과 부기를 빠지게 하는 약으로 어린 시절 기억을 새롭게 하였으며, 스무 해 만에 돌아온 옛집에는 하얀 바람개비처럼 치자꽃만이 바람에 날리고 있어 시적 화자의 마음을 처연하게 하고 있을 뿐이다. 을씨년스럽게 부엌의 무쇠 뚜껑은 뒤집힌 채로 터진 심장을 열어본다는 활유적인 표현에서는 더욱 쓸쓸함을 북돋우고 있다.

그 외에도 4부 너라는 정물에는 18편의 시가 보이며, 5부 꿈꾸는 화병에는 17편의 시들이 제각기 시적인 기품을 지니고 있다. 그러나 스페이스(Space) 관계로 모두 다룰 수 없기에 아쉬움이 크다고 할 수 있다.

3. 갈무리

시(詩)는 언어 예술인 문학의 영역에서 가장 오랜 역사를 가진 양식이다. 다시 말하면 언어로 되어 있고, 거기에 운율이 있으며, 시인의 상상력과 감정과 사상을 표현하는 문학이라고 정의를 할 수 있을 것이다.

시의 내용은 정서와 사상이다. 정서는 감화적 요소로서 시의 주된 요소이며, 사상은 관념적 요소로 종속적 요소일 것이다. 그리고 사상은 정서와 융합되어 시에서 나타난다고 할 수 있을 것이다. 그래서 시를 사상의 정서화라고도 하며, 특히 엘리어트(T. S. Eliot)는 "시는 사상의 정서적 등가물(等價物)이다."라고 하여 시의 본질을 말하고 있지 않는가?

최인희 시인은 매혹적이면서도 불가사의한 시의 세계에서 시를 통해 존재의 의미를 천착(穿鑿)하고 시를 통해 인생의 의미를 찾는 시인이지 않을까 생각한다.

꾸준한 시적 습작을 통해 비유와 상징과 심상의 폭을 넓혀 시의 의미를 확대하고 시적인 기능을 재생산하는 시인의 역할에 충실하기에 그의 시는 앞으로 더욱 깊은 의미를 갖는 시가 될 수 있다고 확신을 한다.

생활 중에서 생각하고 느낀 직, 간접의 경험들을 시화한 시집 『치자꽃 필 때』에 보이는 전 5부 87편의 시들은 어떤 유형에 물들지 않고 다양한 시적 유형으로 노래하고 있기에 어떤 시적 유형을 꼽을 수는 없겠지만, 다양성의 일반화로 그의 시적 좌표를 설정하고 있다고 할 것이다.

> 桐千年老恒藏曲(오동은 천년을 늙어도 그 곡조를 간직하고)
> 梅一生寒不賣香(매화는 늘 춥게 살아도 향기를 팔지 않네)
> 月到千虧餘本質(달은 천 번 이지러져도 본질을 잃지 않고)
> 柳經百別又新枝(버들은 백 번 꺾여도 새 가지를 피워내네)
>
> —「野言(시골에서 쓰이는 말)」 전문

위의 한시(漢詩)는 송강(松江) 정철(鄭澈), 노계(蘆溪) 박인로(朴仁老), 고산(孤山) 윤선도(尹善道)와 더불어 조선시대 4대 문장가로 꼽히는 조선 중기의 문신인 상촌(象村) 신흠(申欽)의 수필집 『야언(野言)』에 나오는 칠언절구(七言絕句)의 하나인 「매불매향(梅不賣香)」이다. 오동나무, 매화, 달, 버들의 자연물을 소재로 하여 어떤 상황에서도 안락(安樂)을 추구하지 않고 꿋꿋이 지조를 잃지 않고 고고(孤高)히 살아가는 선비의 삶의 여유와 선비 다운 삶을 노래하고 있다.

최인희 시인의 시를 읽으면, 신흠의 『아언(野言)』에 나오는 시인의 경지와 같이 올곧게 지조와 절개를 생명처럼 여기며 산 조선시대 선비들의 기상을 되새기게 하지 않을까 한다. 아마 시대를 초월하여 이 시대를 살아가는 우리들에게 필요한 덕목이 될 수 있기에, 최인희 시인의 시에서 말하고 있는 시인의 내면의 소리에 귀를 기울여야 하는 이유가 여기에 있다고 할 것이다.

그는 시에서 표현의 압축을 추구하고 있음은 주지의 사실일 것이다. 시는 높은 암시성을 가진다고 할 것이다. 그러나 암시성을 특징으로 하는 시의 압축된 표현은 불완전한 의미의 전달을 의미하지는 않을 것이다. 시에 보이는 언어는 언어 대중이 일반적으로 일상생활에서 사용하는 언어이지만, 시의 구조에서는 그 의미의 폭과 깊이가 달라진다고 할 것이다. 다시 말하면, 그 시적 언어는 내포적이고 함축적인 의미로 사용되어 시 스스로가 정감적인 효과를 산출할 수 있을 것이다. 아울러 다의성(多義性)을 지니게 되어 암시성과 상징성을 띠게 될 수도 있을 것이기에 시만이 갖는 독특한 시적 분위기와 시적 연상을 환기시킬 수도 있을 것이다. 이런 맥락에서 고찰하면 시는 문학의 장르(Genre) 중에서도 언어에 가장 민감한 문학의 한 양식이라고 할 수 있으며, 최인희 시인의 시들도 언어에 가장 민감한 시적 특징을 잘 보여주고 있다고 생각한다.

문학세계대표작가선 918

치자꽃 필 때

최인희 시집

인쇄 1판 1쇄 2020년 5월 1일
발행 1판 1쇄 2020년 5월 11일

지 은 이 : 최인희
펴 낸 이 : 김천우
펴 낸 곳 : 도서출판 천우
등 록 : 1992. 2. 15. 제1-1307호
주 소 : 서울시 성동구 무학봉28길 6 금용빌딩 2F
전 화 : 02)2298-7661
팩 스 : 02)2298-7665
http://moonhak.wla.or.kr
E-mail : chunwo@hanmail.net

값 13,000원

ISBN 978-89-7954-805-1

이 도서의 국립중앙도서관 출판예정도서목록(CIP)은 서지정보유통지원시스템 홈페이지(http://seoji.nl.go.kr)와 국가자료공동목록시스템(http://www.nl.go.kr/kolisnet)에서 이용하실 수 있습니다. (CIP제어번호: CIP2020009597)